調べ学習に役立つ

地球と平和を守る国際条約

②環境

生物多様性条約・パリ協定・世界遺産条約　ほか

監修：遠藤研一郎

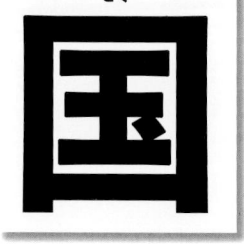

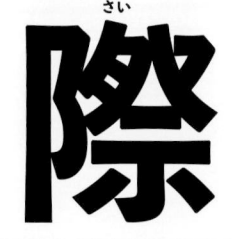

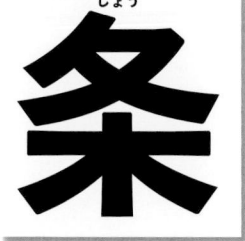

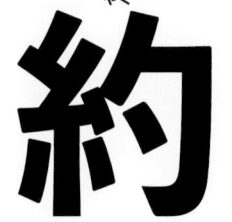

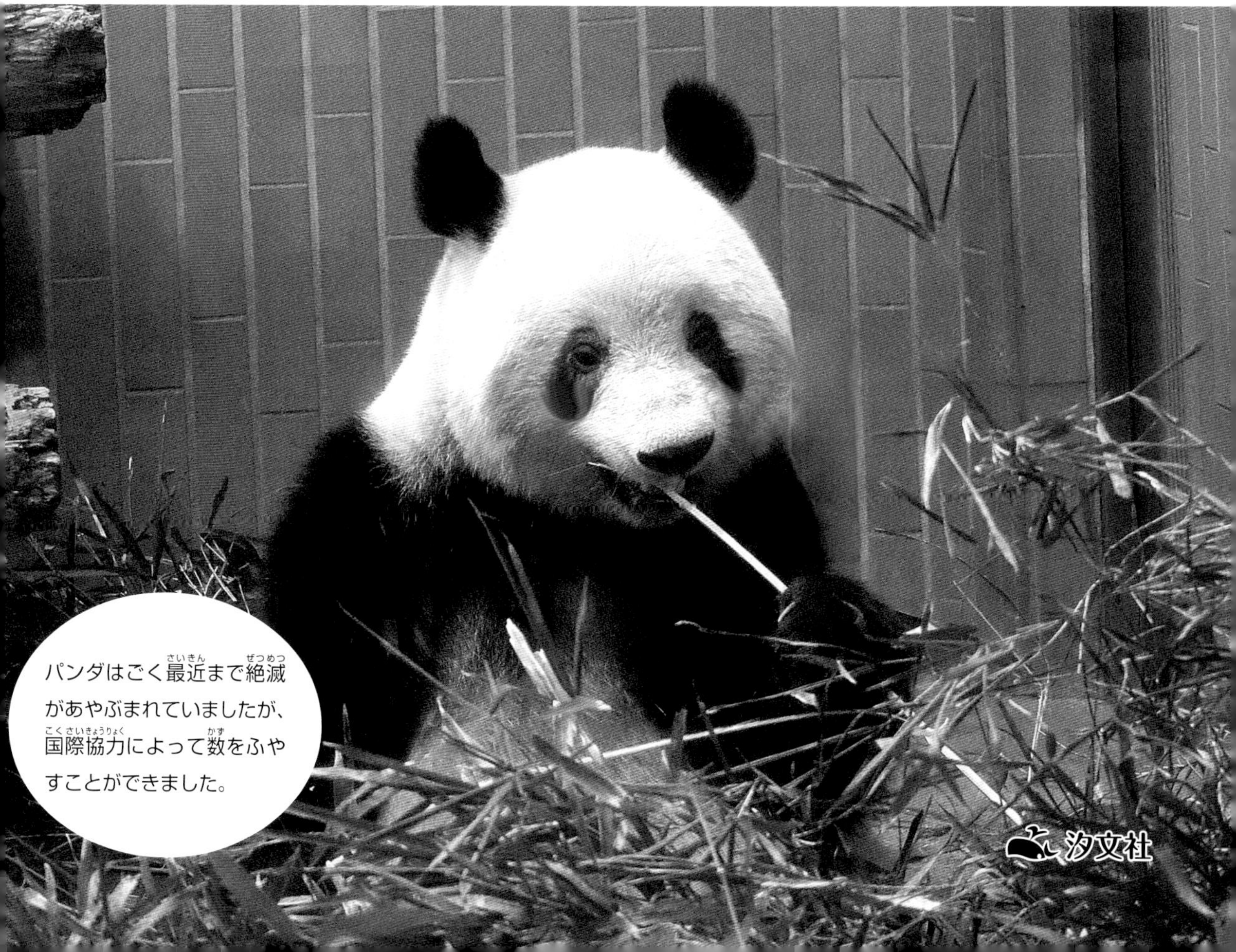

パンダはごく最近まで絶滅があやぶまれていましたが、国際協力によって数をふやすことができました。

汐文社

はじめに

　だれでも幸せに、よりよい毎日を過ごしたいと願っています。しかし、戦争によって大切な家族や家をうしなう人がいます。環境の変化により、消えていく動物たちがいます。差別によって、平等なあつかいをされない人たちもいます。なぜこのようなことが起きるのでしょうか？

　世界の国ぐには、協力してこのような問題を解決しようと、さまざまなとりきめをつくりました。「平和」「環境」「人権」、わたしたちの未来を守るための条約です。

　これらを知り、学ぶことで、わたしたちがこれからするべきこと、めざすべき未来が見えてくるはずです。どうしたら自分も、世界の人びとも幸せにくらせるのか。条約を糸口にして、もう一度考えてみませんか？

中央大学法学部教授

遠藤研一郎

「国際条約」ってなに？

戦争をふせぐ。
絶滅しそうな生き物の命を守る。
地球環境を守る。
すべての人間の権利を守る。

これらのことは、
ひとつの国だけががんばっても
実現はできません。

だから、
国と国、または国と国際機関との
あいだで約束をむすんで、協力する。
──それが「国際条約」です。

絶滅のおそれがあるサンゴ。

もくじ

はじめに……………………………………………………………………………… 2

どうしてパンダは中国に返さないといけないの？ ………………………… 4

絶滅から生き物を守れ！ ──ワシントン条約── ……………………… 6

湿地と水鳥を守る！ ──ラムサール条約── ………………………… 8

みんな、かかわりあって生きている ──生物多様性条約── ……… 10

環境を守るための国際条約① ──生物を守る── ……………………… 12

どうして地球環境を守らないといけないの？ …………………………… 14

地球温暖化をSTOP！ ──気候変動枠組条約── …………………… 16

温室効果ガスをどのくらいへらす？
　　　──京都議定書・パリ協定── …………………………………… 18

地球をおおうオゾン層を守る！
　　　──ウィーン条約・モントリオール議定書── ……………… 20

環境を守るための国際条約② ──海・陸地を守る── …………… 22

どうしてゴミは分別して出さないといけないの？ ……………………… 24

ゴミは自分の国で処理しよう！ ──バーゼル条約── ……………… 26

世界の宝物を未来に残す ──世界遺産条約── ……………………… 28

環境条約・年表　条約・協定・憲章・議定書のちがい ………………… 30

さくいん …………………………………………………………………………… 31

該当するSDGs

7 エネルギーをみんなに　そしてクリーンに

11 住みつづけられるまちづくりを

13 気候変動に具体的な対策を

14 海の豊かさを守ろう

15 陸の豊かさも守ろう

※SDGsとは、国連が、よりよい未来をつくるためにつくった17項目の目標です。

どうしてパンダは中国に返さないといけないの?

日本でも大人気のパンダ。2023年2月には日本から中国へ4頭のパンダが返還されました。

パンダは中国のもの

パンダは地球上で中国の南西部にしか生息していない哺乳類です。そのため、国どうしのとりきめで中国が保護・管理することになっています。中国は国際的なパンダの保護プログラムをおこなっており、世界の国ぐにに期限つきでパンダを貸しだしています。

●パンダの生息地

中国の地図

パンダの生息地

日本

中国南西部の四川省にあるパンダの保護区では、中国政府によって自然林の伐採が禁止されています。

※この本では、ジャイアントパンダを「パンダ」と表記しています。

4

絶滅するってどういうこと？

　パンダは、2020年まで、絶滅があやぶまれる「絶滅危惧種」といわれる動物でした。

　絶滅とは、ひとつの生き物の種が、地球上からいなくなってしまうことです。パンダは、世界じゅうの国ぐにで飼育や繁殖をおこなったことで、数をふやすことができました。地球の環境は、多くの生き物がともにくらすことで成り立っているため、絶滅する種がふえるほど、地球の環境はこわれてしまいます。

絶滅危惧種って、なに？

　絶滅の危機がせまっている動植物のことを絶滅危惧種といいます。それでは、どんな動植物が絶滅危惧種とされているのでしょうか。自然環境の保護にとりくんでいる国際自然保護連合（IUCN）は、動植物の種ごとに生息数などを調べ、絶滅のおそれがある動植物のリストを作成しています。このリストを「レッドリスト」といい、IUCNはホームページなどでリストを公表しています。

●絶滅してしまった動物たち

ニホンカワウソ

タスマニアタイガー

IUCNが定める絶滅危惧種

　IUCNのレッドリストは、絶滅の危険度ごとに9つのカテゴリーにわかれています。この9つのカテゴリーのうち、下の表の3つが絶滅危惧種とされています。

カテゴリー	意 味
深刻な危機	野生での絶滅が間近にせまっている種。絶滅の危険性がとても高い。
危機	「深刻な危機」ほどではないが、絶滅の危険性が高い種。
危急	絶滅の危険性が高まっている種。

　どんな動植物がどのくらい絶滅の危機にあるのか知ることは、とても大切です。これを知ることで、絶滅をふせぐためにどのような保護活動が必要かきめることができます。そして、保護活動はその動植物が生息する地域だけがとりくむのでは足りません。たくさんの動植物がたがいにかかわりあってつくられている環境は、地域や国をこえて、たくさんの人たちが協力することによって守ることができるのです。

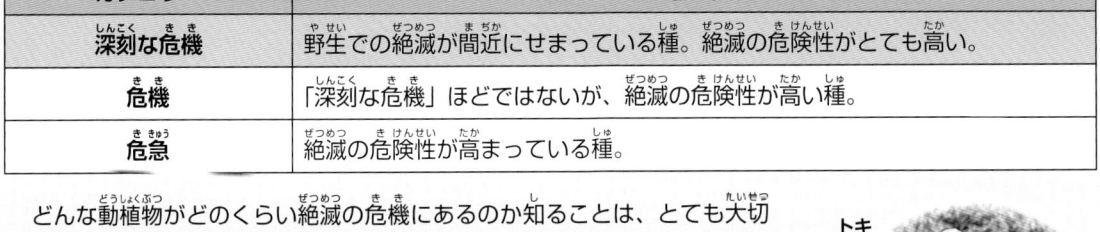

トキ

オオクワガタ

絶滅から生き物を守れ！
──ワシントン条約──

ワシントン条約の正式名称は「絶滅のおそれのある野生動植物の種の国際取引に関する条約」。絶滅の危険性がある生き物を国際的に守っていくため、1973年、アメリカのワシントンに世界の81か国があつまり、むすばれた条約です。

生き物を絶滅させているのは人間なの？

　生き物の歴史のなかでは、これまで数えきれないほどたくさんの種が、進化と絶滅をくり返してきました。ときには火山の噴火や隕石の衝突などで、一度に大量の種が絶滅したこともあります。しかし、こうした大きな自然災害はなかなか起こりません。

　ところが近年、人間の行動によって、巨大な自然災害が起こったときと同じくらい、多くの種が絶滅しているのです。そのため現代は、「大量絶滅の時代」ともよばれています。

クロサイ
角が漢方薬の材料になるといわれ、乱獲されて、絶滅危惧種となっています。

パンダ
毛皮を目的とした乱獲や、主食である竹が不足したことなどが原因で絶滅危惧種に。保護区がもうけられました。

アツモリソウ
愛好家による採取や、生息地である草原の減少が原因となり、絶滅危惧種に。

ウミガメ
産卵場所である砂浜の環境が悪くなったことや、乱獲が原因で、数がへってしまいました。

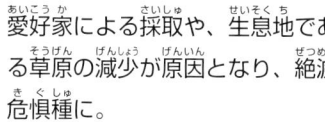

オランウータン
東南アジアに生息する大型類人猿。違法伐採や農地開拓で熱帯雨林がへったため絶滅危惧種に。

国どうしのとりひきを制限

ワシントン条約がむすばれる前は、めずらしい動植物や、動物の毛皮やきばなどが制限なく売り買いされていました。その結果、多くの動植物が乱獲され、数をへらしてしまったのです。

そこで、ワシントン条約では、このような動植物の乱獲をふせぎ、絶滅から守るために国家間のとりひきを制限しています。

商業目的の輸出入が禁止されているトラ
ワシントン条約では、生きている動植物だけでなく、毛皮といった体の一部や、それらを使った加工品も規制の対象となっています。

もう食べられないの？
食卓にのぼる絶滅危惧種

わたしたちが毎日の食事で口にしているもののなかにも、絶滅の危険性がある生き物がいます。たとえば、日本人の多くが大好きなクロマグロは、とりすぎによって数がへり、絶滅のおそれがある生き物になってしまいました。現在は漁獲量を制限することで、生息数が少しずつ回復しています。

種の保存にひと役
——動物園や水族館の役割

動物園や水族館には、絶滅危惧種の動物たちもたくさん飼育されています。こうした生き物の展示施設には、種の保存や研究という役割があるのです。また、めずらしい生き物だけでなく、多様な生物を展示することによって、多くの人びとに命や自然環境に興味をもってもらうことも、大きな役割のひとつです。

絶滅危惧種のラッコ

未来も共存していくために

ワシントン条約は、動植物のとりひきをすべて禁止しているわけではありません。動植物のなかには、その国の産業をささえる大切な資源になっているものもあります。そこで、ワシントン条約では、絶滅のおそれの程度や必要とされる規制の内容によって規制の段階を分け、絶滅のおそれが少ないものなどは、条件つきでとりひきができるようにしています。ワシントン条約は、動植物が行きすぎたとりひきによって乱獲され、絶滅することをふせぎ、多くの生き物たちが共存していける未来をめざしているのです。

湿地と水鳥を守る！
——ラムサール条約——

ラムサール条約は、1971年にイランのラムサールで採択された、とくに水鳥の生息地として国際的に重要な湿地に関する条約です。湿地とは湖や沼、川や海といった水分の多い土地のことで、水鳥たちの生息場所となっています。

たくさんの命を育む湿地

　湿地には、水鳥をはじめ、水辺にすむ虫や植物など、さまざまな生き物が生息しています。場所によっては、いくつもの国の水源地となっているところもあり、生態系のなかでも大きな役割をはたす存在なのです。しかし近年、こうした湿地帯は、工業開発のための埋め立てや、気候変動による干ばつなどでどんどんへっています。そのため、国をこえて湿地帯を守ろうという動きがさかんになり、ラムサール条約が採択されました。

●湿地にすむ水鳥

ツル

チドリ

カワセミ

水鳥ってどんな鳥？

水鳥とは、水辺にくらす鳥たちのこと。水鳥のなかには国をこえて移動するわたり鳥もたくさんいます。

宮城県の伊豆沼　ガンやハクチョウの生息地。

●ラムサール条約に登録されている日本の湿地

（2021年11月現在）

クッチャロ湖
サロベツ原野
野付半島・野付湾
涛沸湖
雨竜沼湿原
宮島沼
阿寒湖
風蓮湖・春国岱
ウトナイ湖
霧多布湿原
大沼
釧路湿原
厚岸湖・別寒辺牛湿原
屋久島永田浜
久米島の渓流・湿地
漫湖
大山上池・下池
仏沼
伊豆沼・内沼
蕪栗沼・周辺水田
名蔵アンパル
慶良間諸島海域
与那覇湾
芳ヶ平湿地群
佐潟
瓢湖
志津川湾
立山弥陀ヶ原・大日平
化女沼
尾瀬
奥日光の湿原
円山川下流域・周辺水田
中池見湿地
涸沼
三方五湖
片野鴨池
渡良瀬遊水地
宍道湖
宮島
中海
谷津干潟
秋吉台地下水系
葛西海浜公園
琵琶湖
東よか干潟
藤前干潟
東海丘陵湧水湿地群
串本沿岸海域
肥前鹿島干潟
くじゅう坊ガツル・タデ原湿原
出水ツルの越冬地
蘭牟田池
荒尾干潟

（環境省）

どうやって湿地を守る？

ラムサール条約には3つの柱があります。それが、「①湿地の保全と再生」「②産業と生活のバランスのとれたかしこい湿地の利用」「③湿地についての交流・学習をすること」です。日本でも、国やそれぞれの自治体で、湿地を守るためのさまざまな活動がなされています。

出水ツルの越冬地（鹿児島県）

釧路湿原（北海道）

湿原を保護すると同時に、広大な自然のなかでキャンプやクロスカントリースキーをするなど、四季を通して人びとが自然とふれあえる環境を整えています。

鹿児島県の出水市には、毎年10月〜12月にかけて1万羽以上のツルがシベリアなどからわたってきます。農地など人が生活する場の近くでツルが冬をすごす、世界的にもめずらしい場所です。ラムサール条約には2021年に登録されました。

みんな、かかわりあって生きている
――生物多様性条約――

地球の環境は、さまざまな生物がともにくらすことで成り立っています。多様な生き物が生きつづけられる世界を守るため、1992年のリオ・サミットで生物多様性条約が採択されました。日本も1993年にこの条約をむすんでいます。

地球にすむ生き物すべてを守る

　野生の生き物の絶滅をふせぐため、世界の国ぐにのあいだでは、1971年のラムサール条約や、1973年のワシントン条約といった条約がむすばれてきました。生物多様性条約は、これまで採択された条約のまとめでもあり、絶滅危惧種だけでなく、すべての生物と生物のつながりによってつくられている環境そのものを守ろうという目的があります。

　人の生活にとっても、地球に多くの命があふれていることはとても大切なことです。ふだん飲んでいる水や、呼吸に必要な空気、衣食住に使っているすべての素材は、多様な生き物がいる自然のなかで生まれているものなのです。

●3つの多様性　生物多様性条約では、3つの多様性が大切だとされています。

生態系の多様性
森や海、人がすむ町なかなど、さまざまな環境のなかで、それぞれの生き物が生態系をつくり生きていること。

種の多様性
ひとつの生態系のなかに動物や植物、昆虫など、たくさんの種の生き物がいること。

遺伝子の多様性
同じ種のなかでも、遺伝子にちがいがあり、模様や生態などに個性があること。

地球の生き物は みんなの財産

地球上には、8,700種以上の生き物が存在しているといわれています。こうした生き物の遺伝子を研究・解析することは、医薬品や食品など、さまざまな分野の発展につながります。これを遺伝資源といい、人類全体の科学技術の発展のためにも、世界共通の財産としていかなくてはなりません。

●遺伝資源がもちいられている食物

八角
香辛料の一種。成分のタミフルは、インフルエンザの治療薬にもちいられています。

ワイン
お酒の一種で、有害な物質を無害な物質に変える、ポリフェノールという成分がふくまれています。

先進国ひとりじめはダメ！ 利益をどう分けあう？

生物多様性条約の目的のひとつに、「遺伝資源の利用によって生まれる利益を公平に分ける」というものがあります。なぜなら、遺伝資源による利益の多くを、先進国が得るしくみになっていたからです。

名古屋議定書
遺伝資源のもとになる生き物が生息する国のことを「遺伝資源提供国」といい、その多くが開発途上国です。そこで、提供国に公平に利益をくばりましょうというルールができました。これが、名古屋で採択された「名古屋議定書」です。

遺伝子のデジタル情報
生物多様性条約第15回締約国会議（COP15）では、遺伝子を研究するなかでまとめられたデータベースも共有すべきだという議論がなされました。しかし、明確なルールはまだできていません。

砂糖の200倍もあまい？ ステビアの遺伝資源

遺伝資源のひとつの例として、ステビアが有名です。ステビアは、南米パラグアイとブラジルの国境地帯に生えている植物です。そのうちの一種からとれる甘味料は、砂糖の200倍のあまさがあります。少ない量であまみを強く感じることができるため、現在ではさまざまな健康食品にもちいられるようになりました。

世界で協力して地球を守るには

2023年現在、生物多様性条約には194の国とEU、パレスチナが参加しています。しかし、世界でも影響力の強いアメリカは、独自のとりくみをおこなうという理由で参加を見送っています。会議でも国どうしの意見の対立があり、意見がまとまらないことがあります。それでも、話しあいをくり返し、少しずつでもルールを決めながら地球を守っていかなくてはなりません。

環境を守るための国際条約①

ここまで見てきた条約のほかにも、生物を守るための国際条約があります。

カルタヘナ議定書

遺伝子くみかえ生物が、自然環境に悪い影響をあたえないようにする。

便利？ 危険？
遺伝子くみかえ生物って、なに？

遺伝子くみかえ生物とは、その生物がもっている遺伝子を操作してできた生物などのことです。たとえば、除草剤に強い遺伝子くみかえ作物をつくれば、除草剤をまいても雑草だけがかれて作物が残るので、雑草をとりのぞく手間をはぶくことができます。また、収穫量が多くなる遺伝子くみかえ作物をつくれば、食糧難などの問題が解決できるかもしれません。

しかし、問題もあります。遺伝子くみかえ作物を食べた場合、ほんとうに健康被害がないのか、かならずしも明らかではありません。また、生態系をこわす危険性も指摘されているなど、利用には注意が必要です。

大切な技術を安全に利用する
カルタヘナ議定書のとりきめ

遺伝子をくみかえて生物をつくりだす技術が便利であることを考えて、その利用を禁止することはせず、同時に、環境に悪影響がおよぶのをふせぐために定められたものが、カルタヘナ議定書です。カルタヘナ議定書は、生物多様性条約をもとに2000年に採択されました。少しおくれて日本も参加し、2023年現在、170以上の国とEUが参加しています。

カルタヘナ議定書のとりきめ

● 遺伝子くみかえ生物を輸出する場合は、事前に輸出先に知らせる。

● 輸入する国は、環境への影響を調べ、輸入するかどうかを決める。

● ルールにしたがって、遺伝子くみかえ生物に関する表示をする。

など

生物を守る

国際捕鯨取締条約

絶滅のおそれがあるクジラを調査・保護して、捕鯨のルールを定める。

へってしまったクジラを保護し、これからも捕鯨ができるように

　昔から、日本をはじめさまざまな国がクジラをとり、利用してきました。そして20世紀になって技術が発展すると、大きな船を使い、大量にクジラをとるようになりました。その結果、クジラは絶滅が心配されるほど数が少なくなってしまったのです。

　世界の国ぐにには、クジラを絶滅から守るため、1946年に国際捕鯨取締条約をむすび、国際捕鯨委員会を立ち上げました。そして、捕鯨（クジラをとること）を禁止するのではなく、クジラが絶滅しないように保護しながら、これからもクジラを大切な資源として利用できるようにルールをつくったのです。

日本が国際捕鯨委員会から脱退

　日本は1951年に国際捕鯨取締条約に参加し、国際捕鯨委員会に加盟しました。けれども、国際捕鯨委員会に加盟する国ぐにの多くが捕鯨に反対するようになり、日本は2019年に委員会を脱退することを決めました。

国際捕鯨委員会の活動

● 捕鯨をすることでクジラの数がどのように変化するか、調査する。

● クジラの数を調査し、とることを禁止するクジラの種類、捕鯨の方法、クジラをとってもよい時期・場所・数などのルールを決める。

など

捕鯨に反対している国ぐにの主張

・クジラは絶滅の危機にある。

・クジラは頭のよい動物だから殺すのはかわいそう。

・クジラのとり方が残酷。

・わざわざクジラを食べなくてもよい。

捕鯨をつづけたい国ぐにの主張

・クジラのなかには数が回復している種類もある。

・ルールをつくって捕鯨をすれば、クジラを絶滅させずに捕鯨をつづけることができる。

・クジラを食べるのは古くからつづく文化だから、大切に守っていきたい。

どうして地球環境を守らないといけないの？

自然は人や動物にとって、とても大切なものです。その大切な自然が、現在とても危険な状況におかれています。

自然はみんなの財産

太陽のめぐみがすべての人に平等であるように、どんな人でも、森や林に入って自然にふれ、果実などのめぐみを受けることができるという考え方があります。それが、北欧で生まれた「自然享受権」です。だれもが自然のめぐみを受けるためには、みんなで多くの自然を守ることが大切です。

北欧では、土地がだれかの所有物であっても、自由に森林を歩き、果実をとることなどが許されています。しかし、そこには守らなくてはいけないルールがあります。

環境問題っていつからあるの？

環境問題が意識されるようになったのは、18世紀から19世紀にかけてイギリスではじまった産業革命からです。街には工場がたちならび、石炭や石油を使ってつぎつぎと工業製品を生みだしていきました。人びとの生活は便利になりましたが、一方で、工場から出るけむりで空気がよごれたり、工場ではたらく人が一部の地域にあつまりすぎたせいで川がよごれたり、いろいろな問題が起こるようになったのです。

車から出る排気ガスも、大気汚染の原因になっています。

環境破壊の影響

地球温暖化

自動車を動かしたり、飛行機をとばしたりすると、二酸化炭素がたくさん出ます。この二酸化炭素は、「温室効果ガス」とよばれ、地球の気温を上げるひとつの原因となっています。

❶ 海面の上昇
北極と南極の氷がとけ、海の水がふえることで、島がしずむなどしています。

❷ 異常気象
気温が上がると台風の勢力は大きくなります。そのせいで台風災害がふえます。

❸ 森林火災
森林が乾燥することで、火災が起こることがあり、生き物たちの生活の場がなくなります。

❹ 生態系の変化
生き物が生息している地域の気候が変わってしまい、種が絶滅することがあります。

そのほかにも、地球温暖化の影響はたくさんあります。

今までよりもずっと大きな勢力をもつ台風が発生するようになり、日本だけではなくさまざまな国で洪水などの災害が起こっています。

オゾンホール

地球のまわりには、宇宙からそそぐ有害な紫外線をふせいでいるオゾン層があります。しかし、エアコンなどにふくまれているフロンガスが、このオゾンをこわしてしまい、南極の上空に大きなオゾンの穴があいてしまいました。これをオゾンホールといいます。

自然環境を守るってどういうこと？

自然環境を守るためには、人と動植物の生態系を守るしくみを考え、生活の環境をととのえることが重要です。わたしたちは自然について正しい知識を学び、自分たちが自然の一部であることをきちんと理解しなくてはならないのです。

地球温暖化をSTOP！
―気候変動枠組条約―

「地球温暖化」とは、地球表面の平均温度が上がっていくことです。たった1℃でも気温が上がるだけで、異常気象や海面の上昇など、さまざまな影響があらわれます。そこで採択されたのが「気候変動枠組条約」です。

地球をあたためる 温室効果ガス

空気は透明ですが、目に見えないほど小さい物質でできています。ほとんどが窒素（78％）や酸素といった元素ですが、なかには二酸化炭素（CO_2）やメタンがふくまれています。この2つは「温室効果ガス」といわれ、宇宙に出ていく熱を、地球の空気のなかにとどめる効果があります。近年、この温室効果ガスがふえすぎてしまったせいで、地球の平均気温がどんどん上がっているのです。

●温室効果ガス排出割合

その他、代替フロンガス 5.1%
一酸化二窒素 1.7%
メタン 2.3%
二酸化炭素 90.9%

（2021年度）（環境省）

●温室効果ガスの種類

二酸化炭素
動物が息をはいたときに出る気体。自動車や飛行機の排気ガスにもふくまれています。

メタン
牛や豚などの家畜のゲップや、天然ガスをほりだすときに出てくるガスです。

温室効果ガスは、二酸化炭素とメタンだけではありません。石油の燃焼や、家畜の排泄物から出てくる一酸化二窒素、電気をあつかうのに欠かせない六フッ化硫黄、機械に使われるパーフルオロカーボン類など、さまざまなものがあります。

温室効果ガスをへらしていく

1992年に採択された「気候変動枠組条約」。この条約では、温室効果ガスをふやさないように、それぞれの国で排出量をへらしていきましょうというルールを決めています。

しかし、温室効果ガスのほとんどは先進国から出ています。そのため、先進国には、ガスの量をよりへらしていく努力が求められています。

❶締結国の義務

条約をむすんだすべての国は、自分の国が出している温室効果ガスの量をきちんと調べなくてはなりません。それをまとめたデータを、COPという世界会議で提出する義務があります。

❷先進国の追加義務

締結されたときには、「2000年までに1990年の排出量にもどしましょう」という目標がかかげられました。現在はのちに出された「京都議定書」や「パリ協定」で、新しい具体的なルールがもうけられています。

開発途上国では、二酸化炭素をたくさん出す機械はそれほど多く使われていません。けれども、先進国では、多くの自動車が走り、大規模な工場も多く、温室効果ガスもたくさん排出されています。

二酸化炭素は悪者なの？

地球の気温を上げている二酸化炭素ですが、空気のなかにはもとから二酸化炭素がふくまれています。たとえば、植物は、二酸化炭素をとりこみ光合成をおこなうことで生長します。わたしたちの生活のなかでは、消火器にも二酸化炭素が使われており、けっして不必要な存在ではないのです。

二酸化炭素は未来の資源？

工場などで出る二酸化炭素を、別のものにリサイクルしようという研究・開発もさかんになっています。これを「カーボンリサイクル」といいます。たとえば車の燃料や、畑で使う肥料に再利用するなど、たくさんの可能性が考えられます。まだまだ研究途中ではありますが、開発が進めば二酸化炭素がエネルギーになる日が来るかもしれません。

温室効果ガスをどのくらいへらす？
——京都議定書・パリ協定——

「気候変動枠組条約」が採択され、世界じゅうで温室効果ガスの排出量を少なくしていこうという動きがはじまりました。そして、実際にどうへらしていくのかをまとめたものが、「京都議定書」と「パリ協定」です。

条約をむすんだ国がとりくみを決める

気候変動枠組条約をむすんだ国ぐにが話しあう会議のことを「気候変動枠組条約締約国会議」といいます。略した形でCOPともよばれ、COPは毎年開かれています。

3回目の会議が開かれた京都では、世界の国ぐにのあいだで地球温暖化に関するはじめての約束がむすばれました。そして21回目のパリ会議でも、現代の情勢にあわせた目標や約束が決められています。それぞれの約束は、会議が開かれた場所の名前から「京都議定書」「パリ協定」とよばれています。

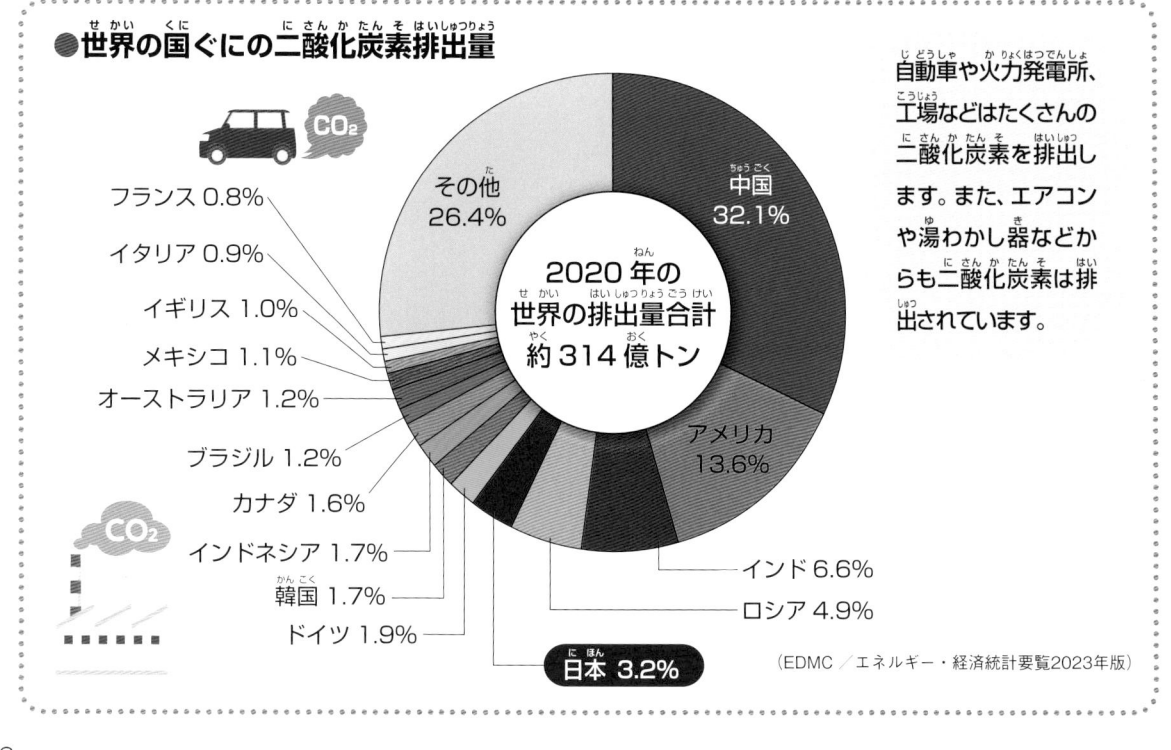

●世界の国ぐにの二酸化炭素排出量

フランス 0.8%
イタリア 0.9%
イギリス 1.0%
メキシコ 1.1%
オーストラリア 1.2%
ブラジル 1.2%
カナダ 1.6%
インドネシア 1.7%
韓国 1.7%
ドイツ 1.9%
日本 3.2%

その他 26.4%
中国 32.1%
アメリカ 13.6%
インド 6.6%
ロシア 4.9%

2020年の世界の排出量合計 約314億トン

自動車や火力発電所、工場などはたくさんの二酸化炭素を排出します。また、エアコンや湯わかし器などからも二酸化炭素は排出されています。

（EDMC／エネルギー・経済統計要覧2023年版）

京都議定書

開発途上国は対象外

1997年に開催された京都会議でまとめられた約束では、2008年から2012年の間に、どのくらい温室効果ガスをへらせばよいのか、目標を定めていました。目標達成の対象国は先進国で、開発途上国は対象外でした。

先進国は二酸化炭素削減が義務

約束をかわした国のなかでも、先進国はより多くの二酸化炭素をへらす義務があるとされていました。先進国全体では5.2%、日本は6%の削減が目標でした。しかし先進国のなかでも、オーストラリアやノルウェーなど、二酸化炭素の排出量が少ない国には、この義務は課せられませんでした。

二酸化炭素削減を肩代わり？ 京都メカニズム

目標を達成するために、ほかの国と協力して温室効果ガスをへらそうというしくみを「京都メカニズム」といいます。いくつかの国で、目標の数値を分け、地球全体で見たときの排出量をへらすというものです。

それって不公平？

地球全体を守るためには、たくさんの国が協力することが大切です。しかし、世界でもっとも多くの温室効果ガスを出している中国やアメリカ、インドといった国は、気候変動枠組条約をむすんでいないという現実があります。

パリ協定

開発途上国も対象に

京都議定書では開発途上国は目標達成の対象になっていませんでしたが、パリ協定ではすべての条約締結国が対象となっています。地球全体で、気温上昇を産業革命以前とくらべ2℃以内にするという目標もあります。

二酸化炭素削減に義務はない

京都議定書とちがい、パリ協定では開発途上国もふくめるかわりに、削減を義務ではないと定めなおしています。しかしどの国も、5年ごとに、削減目標と、それに関するデータを出さなくてはなりません。

二酸化炭素をへらしても電気は使えるの？

火力発電で電気をつくるためには、石油や石炭などの燃料を燃やさなくてはなりませんが、そうするとたくさんの二酸化炭素が出ます。その一方で、風力や太陽光、水力、地熱などを利用した発電方法であれば、二酸化炭素を出さずに電気をつくることができます。

地球をおおうオゾン層を守る！
──ウィーン条約・モントリオール議定書──

地球のまわりを取りかこんでいる「オゾン層」。しかし、フロンなどの物質が、オゾン層を破壊するようになってしまいました。そこでオゾン層を守るために、「ウィーン条約」と「モントリオール議定書」がつくられました。

紫外線からわたしたちを守ってくれるオゾン層

太陽は、地球上のあらゆる生物が生きていくうえで欠かすことのできない存在です。わたしたちが、太陽の光があたたかいと感じるのは、太陽から放たれる目に見えない電磁波が体にあたっているからです。しかし、この電磁波のなかには紫外線という人体によくないものもふくまれています。オゾンというガスは、紫外線を吸収します。このオゾンが、地上から約20〜30キロメートルのあたりで分厚い層になっており、これをオゾン層とよんでいます。

オゾン層がなくなるとどうなるの?

紫外線は、健康を守るために多少はあびる必要があります。しかし、フロンなどの化学物質によりオゾン層がこわされてしまうと、オゾン層が吸収していた紫外線が、大量に地球上にふりそそぐようになります。いくら体に必要といっても、たくさんの紫外線をあびてしまうと、体には害になってしまいます。それは人だけでなく、さまざまな生物も同じです。オゾン層がなくなると、生物や自然環境に悪い影響がたくさん出るのです。

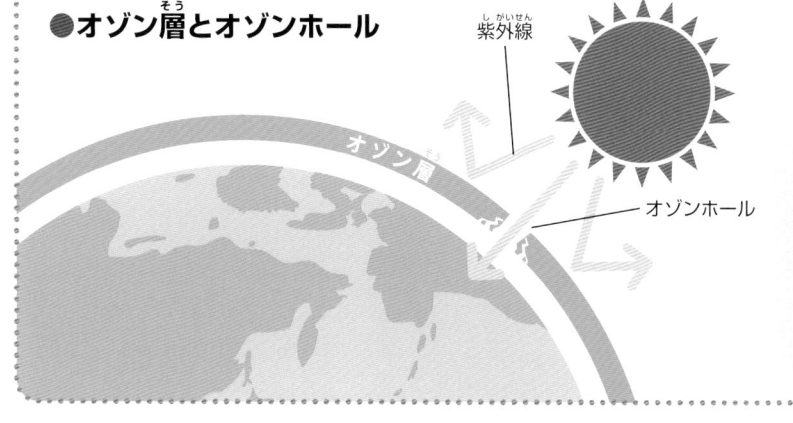

●オゾン層とオゾンホール

紫外線

オゾン層

オゾンホール

紫外線は、目に見える光より波長の短い電磁波で、皮膚にあたると日やけを起こしたり、皮膚がんの原因になったりします。

オゾン層を守るための国どうしの約束

オゾン層の破壊は、1970年代から問題として取りあげられるようになりました。そこで、1985年に、国際的にオゾン層を守ることを目的とした「ウィーン条約」がむすばれました。また、この条約にもとづき、具体的な化学物質の制限などを決めた「モントリオール議定書」がつくられました。

ウィーン条約

・人間の健康や環境を守るために、オゾン層破壊の対策をとる。
・国どうしが協力して研究や観測をおこなう。

モントリオール議定書

・フロンなど、オゾン層を破壊するおそれのある物質の、生産や使用の制限。
・条約をむすんでいない国と、規制された物質を輸出入することを禁止・制限。

日本のとりくみ

日本は1988年からウィーン条約とモントリオール議定書に加盟しています。そのさい、日本独自のオゾン層を守るための法律である「オゾン層保護法」をつくりました。そのあとも、オゾン層保護を目的とした法律をいくつもつくりました。

○オゾン層保護法
1988年につくられた法律。オゾン層を破壊する物質の製造禁止や規制が定められています。

○そのほかの法律
そのほかにも、「家電リサイクル法」「自動車リサイクル法」など、フロンを回収するための法律がつくられています。

オゾン層は回復している?

世界じゅうの国ぐにやその国民が協力したことで、近年は空気中のフロンガスは少しずつへっています。それにともなって、オゾンホールも小さくなったという観測結果が報告されています。国連などの発表によると、2066年ごろにはオゾン層はすべて回復する可能性があるといいます。完全な回復に向けて、これからも努力が必要です。

南アメリカ大陸

南極大陸

（NASA）

青から紫になっている部分が、オゾンが少なくなっている場所です。写真にある南極の上空では、とくに大きな穴があいています。

環境を守るための国際条約②

ここまで見てきた条約のほかにも、海・陸地を守るための国際条約があります。

OPRC条約

原油が海に流れてしまったときの対策や、国どうしの協力方法を定める。

OPRC条約の制定
きっかけは原油を運ぶタンカーの事故

ガソリンや灯油などの原料になる油を原油といいます。原油はまっ黒でねばり気がある液体で、タンカーという専用の船でいろいろな国へ運ばれます。

1989年にアメリカで起きたタンカーの事故では、海に大量の原油が流れてしまい、魚や水鳥をはじめ多くの生物が死んでしまいました。この事故をきっかけとして、1990年には海に原油が流れでてしまったときの対策などを定めたOPRC条約がつくられました。

日本は1995年にこの条約に参加し、計画をつくって海が油でよごされたときにそなえています。

また、OPRC条約のほかにも、海の環境を守るさまざまな国際条約があります。

海の環境を守るそのほかの国際条約

● **ロンドン条約（1972年）**

陸で発生したゴミを海にすてたり、海の上でゴミを燃やしたりすることをとりしまる条約。

● **マルポール条約（1978年）**

船で発生したゴミや油などを海にすてることをとりしまる条約。

大量の原油や化学物質を運ぶタンカー。

─海・陸地を守る─

砂漠化対処条約

土地の砂漠化をふせぐために、国どうしが経済や技術で協力する。

砂漠化って、なに？

土地の栄養分がうしなわれて植物が育たなくなり、やがて乾燥した土におおわれた土地になってしまうことを砂漠化といいます。

砂漠化は、乾燥した気候の地域にある開発途上国で起きることが多く、とくにアフリカで深刻化しているといわれています。

先進国と開発途上国が協力

砂漠化は、その土地だけの問題ではなく、地球全体の環境にも影響をあたえています。そのため、砂漠化の被害にあっていない国もふくめた対策をする必要があります。そこで、1994年に砂漠化対処条約がむすばれました。

この条約では、砂漠化の被害にあっている開発途上国に対して、先進国が資金や技術を援助することで、砂漠化をふせぐことなどが定められています。

どうして砂漠化してしまうの？

・地球全体の気候が変化したことで、干ばつや乾燥などが進んだ。

・農地にしたり、木材として使ったりするために森林の木を切りすぎてしまった。

・家畜の数をふやしすぎて、草や木の芽などが食べつくされてしまった。

・木や草がなくなった土地に雨がふったり、風がふいたりして、土地の栄養分が流されたり、ふきとばされたりした。

など

砂漠化すると、なにが起きるの？

・農作物がつくれなくなり、その土地の人たちの食べるものがなくなる。

・農業や畜産業などができなくなり、貧困が広がる。

・動物や植物が絶滅する。

・土地が水分をたくわえられなくなるため、水不足が起きる。

・洪水や砂ぼこりが多発して、環境や人びとの健康に悪い影響が出る。

など

どうしてゴミは分別して出さないと いけないの？

リサイクルをして ゴミをへらす

　ゴミをすてるときには、細かな分別のルールがあります。ゴミには、資源になるものや、燃やしたほうがよいもの、うめなければならないものなど、さまざまなちがいがあります。ゴミを分別することでリサイクルをしやすくし、ゴミをへらすことができるのです。

国によるちがいだけでなく、日本国内でも地域によって分別方法にはちがいがあります。ゴミの分別は、わたしたちができる身近な環境保護活動でもあります。

すてたら終わりじゃない！
世界的なゴミの影響

わたしたちの日常生活からは、たくさんのゴミが出ます。ちゃんと分別してゴミを出しても、その場でゴミがなくなるわけではありません。その処理の過程では、さまざまな環境への影響があらわれます。

とくに近年、問題とされているのはマイクロプラスチックです。プラスチックは、自然界にはない物質です。プラスチックが目に見えないほど小さく割れたものを、マイクロプラスチックとよびます。マイクロプラスチックは、魚や野菜などの生ゴミとはちがい、微生物が分解することはできません。そのため、マイクロプラスチックが海や土に残ってしまうのです。

海に流れでた海洋プラスチックは、国をこえた問題になっています。2022年に国連環境総会で、国際的に法的こうそく力のあるプラスチックにまつわる条約を制定し、2025年までに締結することが決定しています。

●マイクロプラスチックのゆくえ

ペットボトルなど、わたしたちの身近にあるプラスチックゴミが海へとすてられます。

太陽の光や水の流れで細かくなったプラスチックを魚が食べ、それが消化されずに魚の体内に残ってしまいます。

この魚を人間が食べることで、人間もマイクロプラスチックを体内に取りこんでしまいます。これによる健康被害が心配されています。

日本一の山・富士山
でもホントはゴミだらけ…

日本一高い山であり、日本の象徴のような存在である富士山。しかし一方では、長いあいだゴミの問題になやまされてきました。遠くから見ればうつくしい山も、じっさいは登山客がすてていくゴミであふれ、そのために、世界遺産に登録してもらえないということがありました。そこで、40年以上前から清掃活動がはじまり、これまでにたくさんのゴミがひろわれてきました。そして2013年、ようやく世界遺産の登録にこぎつけました。

ゴミは自分の国で処理しよう！
──バーゼル条約──

かつてヨーロッパなどの先進国が、アフリカの開発途上国にゴミをすてることが問題となっていた時期がありました。そこで、自分の国で出たゴミを、かんたんに国境をこえてすてることができないよう、「バーゼル条約」が採択されました。

輸出入される有害物質
国境をこえるゴミ問題

わたしたちの便利なくらしは、たくさんモノをつくることによってささえられています。しかし、工場などからは、製品をつくるときに人体や環境に有害なゴミも出てしまいます。先進国では、工場がふえたことで有害なゴミもふえ、そのすて場にこまっていました。そのため、開発途上国にゴミをすてはじめたのです。開発途上国ではゴミによる環境汚染がひどくなり、規制の必要性がさけばれるようになりました。

そこで、1989年にバーゼル条約が採択されます。ダイオキシン、アスベスト、水銀、鉛などが規制の対象となり、こうしたゴミは、発生した国自身で処理をすること、他国にすてる場合は、相手の国にかならず報告することなどのルールが定められています。2019年には、リサイクルすることがむずかしいよごれたプラスチックゴミが、新しい規制対象に指定されています。

●プラスチックゴミの輸出先

（2020年）

中国 0.8%
アメリカ 1.5%
インドネシア 3.3%
インド 3.7%
香港 3.8%
韓国 6.6%
タイ 7.4%
台湾 17.2%
ベトナム 21.2%
マレーシア 31.8%

総輸出量 82.1万トン

注）輸出量上位10か国・地域のみ掲載。

（財務省）

これは、2020年の日本で出たプラスチックゴミの輸出先を表しています。それまで1位だった中国が、2017年に輸入を禁止したため、その分、ほかのアジアの国の負担がふえています。

国内で処理をする量がふえたため、日本では処理方法を工夫したり、リサイクルを進めたりしています。

「バーゼル法」をつくった日本のゴミ処理のとりくみ

日本は1992年にバーゼル法という法律をつくりました。これは、特定の有害なゴミの輸出入を規制する法律です。この法律をつくったつぎの年に、日本はバーゼル条約に加盟しました。つまりバーゼル法は、バーゼル条約を守るために、日本国内での基準を定めたルールでもあります。また、2019年にバーゼル条約にプラスチックゴミの規制がくわえられると、日本のバーゼル法にも、プラスチックゴミについての新しいルールがくわえられました。

日本は、国内の工夫だけにとどまらず、バーゼル条約に加盟している国どうしのパートナーシップの向上にもとりくんでいます。技術を教えあったり、資金を援助したりすることで、さまざまな国と協力しながらゴミをへらす努力をしているのです。

●バーゼル法の規制

（2023年12月現在）

規制されているもの

- 蓄電池
- シュレッダーから出たゴミ
- 医療廃棄物
- 医薬品
- 廃油　　　　など

シュレッダーから出たゴミ

規制外のもの

- 鉄くず
- 紙くず
- 繊維くず
- ゴムくず
- 廃プラスチック※
- メタルスクラップ
  （モーター、配電盤、電線、基盤、変圧器など）※
- 携帯電話

プラスチックなどのゴミ

※材料や状態を調べたうえでふりわける。
※※規制されているゴミは、環境にあたえる影響を考えて追加されることがある。

ゴミ問題にかかわる国際条約

ストックホルム条約（2001年採択）

人の体や環境に悪い影響をあたえる物質を生みだしたり、使ったりすることを規制・制限するルールを定めた条約です。また、こうした有害物質の正しい処理方法なども決められています。スウェーデンのストックホルムでむすばれたため、「ストックホルム条約」とよばれています。

ロッテルダム条約（1998年採択）

オランダのロッテルダムでむすばれた条約です。体に害のある化学物質や駆除剤などの輸出入の手続きについてルールを定めています。また、有害な物質について知識のあさい開発途上国がその物質を輸入するとき、輸出国はその危険性や、どうしたら安全に利用できるのかを伝えなければいけないと規定しています。

世界の宝物を未来に残す
——世界遺産条約——

46億年前に地球が誕生し、700万年前に人類の祖先がこの地上に生まれました。世界には、この長い歴史のなかで形づくられた貴重な自然や文化がたくさんあります。これらを守ろうというものが「世界遺産条約」です。

自然も文化も りっぱな世界遺産

地球と人類の歴史を過去から受けつぎ、未来へと引きつぐことが、わたしたちの重要な役割です。その認識から、世界遺産条約は、1972年にパリで開催された第17回ユネスコ総会で採択されました。世界遺産には、民族の文化や遺跡などが登録される「文化遺産」、地球が生みだした地形や生態系を守るための「自然遺産」、文化遺産と自然遺産の両方の価値があるとされる「複合遺産」の3種類があります。

条約に加盟している国は、自分の国で登録してほしいものをユネスコ（国際連合の組織）に申請し、その価値がみとめられると世界遺産に登録されます。2023年の段階で、文化遺産は933件、自然遺産は227件、複合遺産は39件登録されています。

最初の世界遺産に選ばれた12の遺産のうちのひとつ、エクアドルの「ガラパゴス諸島」。写真はガラパゴス諸島に生息するガラパゴスゾウガメ。

世界遺産条約の特徴

・人類全体の遺産として、自然・文化を保護すること
・保護のために国をこえた協力体制を確立すること

神殿がダムの底に？ 世界遺産が生まれたきっかけ

世界遺産条約がつくられるきっかけとなったのは、古代エジプト文明の遺跡であるアブシンベル神殿です。当時、エジプトではダムを建設していて、これが完成すると神殿がダム湖にしずむことになっていました。そこで、ユネスコが遺跡の保護を世界によびかけ、文化を守る世界遺産条約へと発展しました。

●日本の世界遺産

日本では、「文化遺産」が20件、「自然遺産」が5件登録されています。山や湿原、城、戦争時に破壊された建物など、その種類はさまざまです。

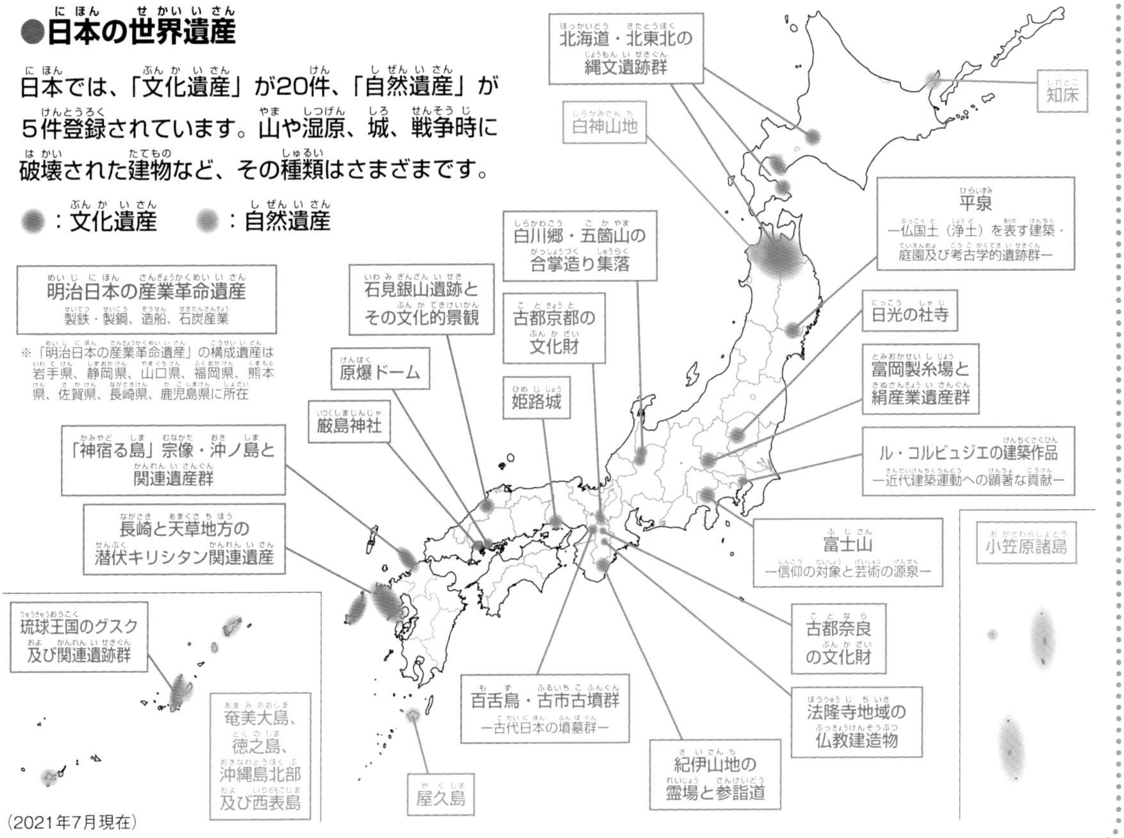

● ：文化遺産　　● ：自然遺産

明治日本の産業革命遺産
製鉄・製鋼、造船、石炭産業
※「明治日本の産業革命遺産」の構成遺産は岩手県、静岡県、山口県、福岡県、熊本県、佐賀県、長崎県、鹿児島県に所在

石見銀山遺跡とその文化的景観

原爆ドーム

厳島神社

「神宿る島」宗像・沖ノ島と関連遺産群

長崎と天草地方の潜伏キリシタン関連遺産

琉球王国のグスク及び関連遺跡群

奄美大島、徳之島、沖縄島北部及び西表島

白川郷・五箇山の合掌造り集落

古都京都の文化財

姫路城

北海道・北東北の縄文遺跡群

知床

白神山地

平泉
—仏国土（浄土）を表す建築・庭園及び考古学的遺跡群—

日光の社寺

富岡製糸場と絹産業遺産群

ル・コルビュジエの建築作品
—近代建築運動への顕著な貢献—

富士山
—信仰の対象と芸術の源泉—

小笠原諸島

古都奈良の文化財

法隆寺地域の仏教建造物

百舌鳥・古市古墳群
—古代日本の墳墓群—

紀伊山地の霊場と参詣道

屋久島

（2021年7月現在）

破壊や消滅にさらされている悲しい「危機遺産」たち

世界遺産に登録されているものでも、戦争にまきこまれたり、自然災害によって大きな被害が出たりしてしまうことがあります。ざんねんなことですが、ときには消滅してしまう世界遺産もあるのです。こうした危機にさらされている世界遺産を「危機遺産」とよんでいます。

危機遺産に登録されると、国際的な支援を受けることができます。そして危機的な状況が回復すると、危機遺産ではなくなったとされ、危機遺産のリストから外されます。

３つの「元」世界遺産

登録されたあとに状況が悪くなったり、かかえている問題が解決できなかったりすると、世界遺産の登録を抹消されてしまいます。これまでに、オマーンのアラビアオリックスの保護区、ドイツのドレスデン・エルベ渓谷、イギリスの海商都市リヴァプールの３つが、世界遺産の登録から外されたという歴史があります。

カンボジアのアンコール・ワットは、内戦によって破壊され、登録とともに危機遺産になりました。現在は危機遺産ではなくなっています。

環境条約・年表

年号	条約名	世界のできごと	日本のできごと
1946年	国際捕鯨取締条約	国際連合の第1回総会がロンドンで開かれる。	日本国憲法が公布される。まんが『サザエさん』連載開始。
1971年	ラムサール条約	中華人民共和国が国際連合に加盟。	環境庁が発足する。日清「カップヌードル」発売。
1972年	世界遺産条約	第20回オリンピックがミュンヘンで開催される。	中国から、パンダのランランとカンカンが上野動物園に到着。
1973年	ワシントン条約	東西ドイツが国際連合に加盟。ベトナム和平協定が成立。	第一次オイルショックが起こる。まんが『はだしのゲン』連載開始。
1985年	ウィーン条約	米ソ首脳会談が開催される。メキシコ地震が発生。	日航ジャンボ機墜落事故が起こる。東北新幹線上野駅に乗り入れ。
1987年	モントリオール議定書	大韓航空機爆破事件が起こる。	国鉄が民営化されJRが開業する。エイズ問題が日本で深刻化。
1989年	バーゼル条約	ベルリンの壁、崩壊。米ソ首脳によるマルタ会談。	平成元年。消費税（3％）が導入される。
1990年	OPRC条約	東西ドイツが統一。イギリスのサッチャー首相が辞任。	第1回大学入試センター試験実施。長崎県の雲仙普賢岳が噴火。
1992年	生物多様性条約 気候変動枠組条約	米大統領選挙でクリントン氏が当選。ソマリアで飢餓問題が深刻化。	毛利衛氏がアメリカのスペースシャトルで宇宙へ。
1994年	砂漠化対処条約	南アフリカでは初の黒人の大統領としてマンデラ氏が就任。	松本サリン事件が起こる。関西国際空港が開港する。
1997年	京都議定書	ダイアナ元イギリス皇太子妃が交通事故で死去。	「ポケットモンスター」がゲームやアニメでブームになる。
1998年	ロッテルダム条約	インドとパキスタンで核実験がおこなわれる。	サッカー日本代表（男子）がワールドカップに初出場。
2000年	カルタヘナ議定書	ロシアの大統領選挙でプーチン氏が当選。	介護保険制度が始まる。2000円紙幣が発行される。
2001年	ストックホルム条約	アメリカ同時多発テロ事件が発生。米英軍がアフガニスタンに侵攻。	東京ディズニーシーが開園。ユニバーサルスタジオジャパンが開園。
2015年	パリ協定	パリで同時多発テロが発生。アメリカとキューバが国交を回復。	又吉直樹氏が「火花」で芥川賞を受賞。選挙権の年齢が18歳に。

条約・協定・憲章・議定書のちがい

「条約」「協定」「憲章」「議定書」は、それぞれ国家間での合意をあらわすことばですが、びみょうな意味のちがいがあります。まず、「条約」は、国と国とのあいだの基本的なとりきめをしめす文書のことをさします。「協定」は、条約にもとづいた具体的な事項（技術的な約束ごとなど）をふくんだもので、より詳細な内容をとりきめるための文書のことです。「憲章」は、組織や機関の設立などに関する文書をさします。そして「議定書」は、もともとの条約に追加や変更があった場合に使用されます。

さくいん

英字

OPRC条約 ・・・・・・・・ 22

あ行

遺伝資源 ・・・・・・・・ 11

ウィーン条約 ・・・・・・・・ 20

オゾン層 ・・・・・・・・ 15,20

オゾンホール ・・・・・・・・ 15,20

温室効果ガス ・・・・・・・・ 16,18

か行

カルタヘナ議定書 ・・・・・・ 12

環境破壊 ・・・・・・・・ 15

危機遺産 ・・・・・・・・ 29

気候変動枠組条約 ・・・・ 16,18

京都議定書 ・・・・・・・・ 17,18

国際自然保護連合（IUCN）・・・ 5

国際捕鯨委員会 ・・・・・・・ 13

国際捕鯨取締条約 ・・・・・・ 13

さ行

砂漠化対処条約 ・・・・・・・ 23

紫外線 ・・・・・・・・ 20

自然遺産 ・・・・・・・・ 28

自然享受権 ・・・・・・・・ 14

ストックホルム条約 ・・・・・ 27

生物多様性条約 ・・・・・・・ 10

世界遺産 ・・・・・・・・ 25,28

世界遺産条約 ・・・・・・・・ 28

絶滅危惧種 ・・・・・・・・ 5,6

た行

多様性 ・・・・・・・・ 10

地球温暖化 ・・・・・・・・ 15,16

な行

名古屋議定書 ・・・・・・・ 11

二酸化炭素 ・・・・・・・・ 16,19

は行

バーゼル条約 ・・・・・・・・ 26

パリ協定 ・・・・・・・・ 17,18

複合遺産 ・・・・・・・・ 28

文化遺産 ・・・・・・・・ 28

ま行

マルポール条約 ・・・・・・・ 22

モントリオール議定書 ・・・・ 20

や行

ユネスコ ・・・・・・・・ 28

ら行

ラムサール条約 ・・・・・・ 8,10

ロッテルダム条約 ・・・・・・ 27

ロンドン条約 ・・・・・・・・ 22

わ行

ワシントン条約 ・・・・・・・ 6,10

●**監修／遠藤研一郎**（えんどう・けんいちろう）

中央大学法学部教授。法学部長。専門は民事法。1971年生まれ。中央大学大学院法学研究科博士前期課程修了。岩手大学人文社会科学部講師、助教授、獨協大学法学部助教授、中央大学法学部准教授を経て、現職。おもな著書に、『僕らが生きているよのなかのしくみは「法」でわかる 〜13歳からの法学入門』（大和書房）、『はじめまして、法学』（ウェッジ）など。

●**ニシ工芸株式会社**（佐々木裕・高瀬和也）

児童書、一般書籍を中心に、編集・デザイン・組版を行っている。

制作物に『理科をたのしく！ 光と音の実験工作（全3巻）』、『かんたんレベルアップ 絵のかきかた（全3巻）』（以上、汐文社）、『くらべてみよう！ はたらくじどう車（全5巻）』、『さくら 〜原発被災地にのこされた犬たち〜』（以上、金の星社）、『学研の図鑑LIVE 深海生物』（学研プラス）など。

●**参考文献**

池上彰監修／こどもくらぶ編『ニュースに出てくる 国際条約じてん4環境』（彩流社）
古沢広祐監修『持続的な社会を考える 新しい環境問題 生物多様性』（金の星社）
ルーファス・ベラミー著／岩渕孝監修『地球環境をまもるアクション 野生生物をまもる』（ほるぷ出版）
池上彰監修／稲葉茂勝訳・文『池上彰のニュースに登場する世界の環境問題⑥動物の多様性』

（ホームページ）
BBC NEWS JAPAN
https://www.bbc.com/japanese/64300774

IUCN Red List of Threatened Species
https://www.iucnredlist.org/ja

一般財団法人 家電製品協会
https://shouene-kaden2.net/learn/appliances/

環境省
https://www.env.go.jp/nature/ramsar/conv/About_RamarConvention.html

釧路国際ウェットランドセンター
https://www.kiwc.net/wetlands/ramsar_kushiro.html

ラムサール条約登録湿地関係市町村会議
https://ramsarsite.jp/ab-ramsar/

●**編集協力**
有限会社アクト（清郁美）、青木一恵

●**写真**
Pixta
Shutter stock

●**表紙デザイン**
ニシ工芸株式会社（小林友利香）

●**本文デザイン・DTP**
ニシ工芸株式会社（向阪伸一、山田マリア）

●**担当編集**
豊田たみ

調べ学習に役立つ
地球と平和を守る 国際条約
②環境
生物多様性条約・パリ協定・世界遺産条約 ほか

───────────────────────

2024年2月 初版第1刷発行

監 修 遠藤研一郎
発行者 三谷 光
発行所 株式会社汐文社
〒102-0071
東京都千代田区富士見1-6-1
TEL 03-6862-5200 FAX 03-6862-5202
URL https://www.choubunsha.com

印刷 新星社西川印刷株式会社
製本 東京美術紙工協業組合

───────────────────────

ISBN 978-4-8113-3125-6
乱丁・落丁本はお取り替えいたします。
ご意見・ご感想はread@choubunsha.comまでお寄せください。